NOTICE

GÉNÉALOGIQUE

SUR LA

FAMILLE MICHON

DE

DOMPIERRE-LES-ORMES

(Saône-et-Loire)

1686 — 1886

PAR

M. L'Abbé MAMESSIER

Curé de Dompierre-les-Ormes, membre de trois Sociétés savantes.

MÂCON

IMPRIMERIE PROTAT FRÈRES

—

1886

NOTICE

GÉNÉALOGIQUE

SUR LA

FAMILLE MICHON

DE

DOMPIERRE-LES-ORMES

(Saône-et-Loire)

1686—1886

PAR

M. L'Abbé MAMESSIER

Curé de Dompierre-les-Ormes, membre de trois Sociétés savantes.

MACON

IMPRIMERIE PROTAT FRÈRES

1886

FAMILLE MICHON

DE DOMPIERRE-LES-ORMES

1686—1886

Article 1. — MICHON, du moulin de Monnet et de Bois-du-Lin.

La famille Michon, de Dompierre-les-Ormes, est, selon une tradition locale, originaire de Monsols, paroisse autrefois du diocèse d'Autun et actuellement de celui de Lyon. Elle a occupé et occupe encore le moulin de Monnet, dans la paroisse de Dompierre-les-Ormes, lequel primitivement appartenait à Joseph Bonnetain, marchand à Monnet, qui, le 30 septembre 1695, l'a asservisé à Benoît Reboux et Pierrette Dupas, sa femme, domiciliés audit Monnet, moyennant la rente annuelle de la somme de vingt livres, de vingt-cinq mesures de seigle, du droit de mouture, de battage de chanvre et de fabrication d'huile, ainsi qu'il est plus amplement expliqué dans un traité du 8 décembre 1789, passé entre Benoît Bonnetain, fils et héritier de Joseph Bonnetain, d'une part, et Joseph Michon, meunier du moulin de Monnet, d'autre part, passé devant MM*es* Desrayaud et Genetet, notaires à Mâcon.

Article 2. — Louis MICHON et Philippe REBOUX, sa femme.

Louis Michon, né en 1696, comme il résulte de son registre mortuaire en date du 9 février 1756 qui le dit âgé de 60 ans, était propriétaire, meunier à Monnet, par les droits de Philippe Reboux, sa femme, fille et héritière de Benoît Reboux et de Pierrette Dupas précités, asservisataires du moulin de Monnet, comme il vient d'être dit.

Louis Michon et Philippe Reboux sont mentionnés dans la *Notice sur Dompierre-les-Ormes*, par M. Mamessier, curé dudit lieu, page 46, parce que, selon acte reçu par M*e* Cortambert, notaire royal, le 26 septembre 1728, ils ont fait une fondation annuelle de la somme de dix livres pour neuf messes basses et six bénédictions du Saint-Sacrement à savoir : le dimanche après la Toussaint, le lendemain de Noël, le dimanche après la Saint-Antoine, les lundis de Pâques et de la Pentecôte et le dimanche après l'Assomption ; lesquelles bénédictions ont été autorisées par Monseigneur l'Évêque d'Autun, le 5 novembre 1729.

Louis Michon, toujours selon la *Notice sur Dompierre-les-Ormes*, page 138, était collecteur des tailles et des capitations de Dompierre-les-Ormes, en 1734. Il a été inhumé, selon le registre de catholicité de Dompierre-les-Ormes déjà cité, le 9 février 1756, où il est dit âgé de 60 ans, frère de Gabriel Michon, oncle de Jean Michon et de Louis Michon, tous trois présents à son enterrement. Quant à sa femme, elle a été inhumée le 14 septembre 1777, suivant son registre de décès qui la nomme Michon, veuve de Louis Michon, dite Reboux, meunier à Monnet. On ne trouve dans les registres de Dompierre-les-Ormes aucun enfant issu de leur mariage.

Article 3. — Gabriel MICHON et Catherine MICHAUD, sa femme.

Gabriel Michon est né en 1686, ainsi qu'il est prouvé par son registre d'inhumation du 29 février 1756, qui le dit âgé de 70 ans. Il était frère de Louis Michon, qui précède, à l'enterrement duquel il a assisté en cette qualité, le 9 février 1756. Il a demeuré d'abord au bourg de Dompierre-les-Ormes, où il était manouvrier, selon le contrat de mariage d'Antoine Michon, son fils, en date du 10 mars 1753, aux archives de Michon de Monnet, ensuite à Bois-du-Lin, paroisse dudit Dompierre-les-Ormes, avec son fils, et où il est décédé le 9 février 1756 précité.

Sa femme est nommée d'abord Jeanne Michaud, dans le registre de mariage de Jean Michon, leur fils, du 5 juin 1753; ensuite Catherine Michaud, dans le contrat de mariage d'Antoine Michon, leur autre fils, du 10 mars 1753; enfin Catherine Michon, dans son registre de décès du 21 février 1763, la disant âgée de 70 ans, ce qui porte sa naissance à 1693, femme de feu Gabriel Michon, et inhumée en présence de Jean Michon et Claude Michon, ses fils. Leurs enfants ont été :

1° Jean Michon dit l'Aîné, rapporté ci-après à l'article 4 ;

2° Antoine Michon, aussi rapporté ci-après à l'article 5 ;

3° Jean Michon dit le Jeune, qui figure : 1° comme oncle paternel et parrain d'Antoinette Michon, fille d'Antoine Michon et de Jeanne Mazoyer, baptisée le 22 avril 1756 ; 2° comme propriétaire à Bois-du-Lin et mari de Philippine Tardy, père et mère de Louis Michon, baptisé le 18 septembre 1461, et dont le parrain fut Louis Michon, son oncle paternel ; 3° comme oncle paternel et parrain de Jean-

Marie Michon, fils d'Antoine Michon et de Jeanne Mazoyer, baptisé le 30 juillet 1764 ; 4° comme oncle et tuteur des enfants mineurs de Jean Michon et de Philippine Reboux, comme il est dit dans le traité du 8 décembre 1789 ;

4° Louis Michon est mentionné : 1° comme oncle paternel et parrain de Louis Michon, fils d'Antoine Michon et de Jeanne Mazoyer, baptisé le 8 août 1756 ; 2° comme mari de Françoise Tardy, père et mère de Jacqueline Michon, baptisée le 7 septembre 1759 ; 3° comme oncle paternel et parrain d'Anne Michon, fille d'Antoine Michon et de Jeanne Mazoyer, baptisé le 24 décembre 1760 ; 4° comme demeurant à Bois-du-Lin et mari de Françoise Tardy, déjà nommée, père et mère de Louis Michon, baptisé le 18 février 1767. Il a été témoin au mariage de Jean Michon dit le Jeune, son frère, le 5 juin 1753 ; à l'enterrement de Louis Michon, meunier de Monnet, son oncle, le 9 février 1756, et à celui de Claude Michon, son frère, le 4 janvier 1787 ;

5° Claude Michon, né en 1717, selon registre mortuaire du 4 janvier 1787, qui le dit âgé de 70 ans, domicilié d'abord à Frouges, ensuite au Grand-Chemin, deux hameaux de Dompierre-les-Ormes, est mentionné : 1° comme oncle paternel et parrain : 1° de Catherine Michon, fille d'Antoine Michon et

de Jeanne Mazoyer, baptisée le 16 janvier 1758 ;
2° Marie Michon, fille desdits Antoine Michon et
Jeanne Mazoyer, baptisée le 3 octobre 1766 ; 2°
comme présent avec Jean Michon, son frère,
le 21 février 1763, à l'inhumation de Catherine
Michaud, leur mère ; 3° comme mari de Claudine
Lardy, dont il a eu Gabriel Michon, né en 1759, et
mort le 15 septembre 1782 ; 4° comme inhumé le
4 janvier 1787, déjà cité.

Article 4. — Jean MICHON et Philippine REBOUX, sa femme.

Jean Michon dit l'Aîné était, selon son registre
de mariage du 5 juin 1753, fils de Gabriel Michon
et de Catherine Michaud et mari de Philippine
Reboux, fille de Michel Reboux et de Louise Leschères, meuniers à Pézanin, paroisse de Dompierre-les-Ormes, proche parente de Philippe Reboux,
femme de Louis Michon, précités, meuniers de
Monnet, qui, du consentement des Bonnetain de
Monnet, asservisateurs du moulin de Monnet, ont
par donation ou par vente transmis leurs droits aux
susdits Jean Michon et Philippine Reboux. Jean
Michon figure comme témoin à l'enterrement de
Louis Michon, son oncle, le 9 février 1756 ; à celui
de Gabriel Michon, son père, le 27 février 1756,

comme parrain de Philippe Michon, fille d'Antoine Michon, son frère, et de Jeanne Mazoyer, baptisée le 24 juillet 1768, et comme oncle paternel et curateur des enfants mineurs desdits Antoine Michon et Jeanne Mazoyer, selon délibération de famille du 10 février 1776. Il a été inhumé le 23 septembre 1777, en présence de Jean Michon et de Claude Michon, ses frères. Philippine Reboux, sa femme, a été inhumée le 9 janvier 1779, selon son acte de décès qui la dit âgée de 50 ans, ce qui porte sa naissance à 1729. Ils ont eu trois garçons et une fille :

1° Joseph Michon, dans le traité précité du 8 décembre 1789, se dit fils de Jean Michon et de Philippine Reboux et frère d'Antoine Michon, vicaire de Montmelard, et de Philippine Michon, femme d'Antoine Jomain, de la Chapelle-du-Mont-de-France. Il est mentionné, dans le registre du 18 janvier 1791, comme parrain de Jacqueline Michon, fille de Louis Michon et de Marie Mazoyer, propriétaires à Bois-du-Lin. Il est encore mentionné, dans le registre du 3 août 1815, comme mari défunt de Benoîte Aublanc, alors vivante à Vendenesse-lès-Charolles, dont il avait eu Jeanne Michon, née en 1792, et mariée le 3 août 1815, avec Pierre Dury, sabotier à Dompierre-les-Ormes, fils de Joseph

Dury, de Montagny-sur-Grosne, et de défunte Philiberte Gonot. Joseph Michon était, par héritage de Jean Michon, son père, propriétaire du moulin de Monnet que, le 1er décembre 1803, il a vendu pour neuf mille francs à Pierre Goyat et à Louis Michon, son cousin germain, propriétaire à Bois-du-Lin, époux de Marie Litaudon, tous les deux ci-après rapportés à l'article 6. Il a acheté le moulin du Rousset, paroisse du Rousset, où il est décédé avant 1815 ;

2° Antoine Michon a été, vers 1760, baptisé à Matour, comme plusieurs de ses parents de Monnet, parce que le village de Monnet où il est né était alors alternatif de Dompierre-les-Ormes et de Matour, en sorte que, pour le spirituel, il dépendait, pendant une année, d'une de ces paroisses, et pendant l'année suivante, de l'autre paroisse. Il a été vicaire de Montmelard de 1787 à 1790, suivant les registres de catholicité du Bois-Sainte-Marie, alors archiprêtré. Il a fait un petit commerce d'horlogerie pendant la révolution française, et après, il a été curé de Saint-Bonnet-des-Bruyères, puis de Vendenesse-lès-Charolles, enfin de La Clayette, chef-lieu de canton, où il est décédé en 1829, ainsi qu'il est dit dans la *Notice de Dompierre-les-Ormes,* page 84 ;

3° Jean Michon, le troisième garçon de Jean

Michon et de Philippine Reboux, a été baptisé à Dompierre-les-Ormes le 3 juin 1769. Il est encore mentionné dans les archives de Michon, de Monnet, comme demeurant au moulin du Rousset, déjà nommé avec Joseph Michon, son frère, qui en était propriétaire ;

4° Philippe Michon figure, dans le registre du 24 juillet 1768, comme fille de Jean Michon, meunier de Monnet, et marraine de Philippe Michon, fille d'Antoine Michon et de Jeanne Mazoyer. Il a déjà été dit que, dans le traité du 8 décembre 1789, elle est mentionnée comme mariée avec Antoine Jomain, de La Chapelle-du-Mont-de-France, dont, selon les archives de M. Etienne Clément, teinturier à Matour, elle a eu deux enfants :

1° Pierre Jomain, resté à la maison paternelle et marié avec N... N..., père et mère : 1° d'Etiennette Jomain, veuve de N... Alacoque, encore vivante ; 2° d'Antoine Jomain, marié avec N... et décédé depuis plusieurs années ; 3° de Pierre Jomain, garde champêtre à Curtil-sous-Buffières, mort en 1885 ; 4° de Claude Jomain, décédé à 22 ans ;

2° Etiennette Jomain, mariée avec Etienne Clément, de Saint-Bonnet-des-Bruyères, et de N... Dumoulin, dont elle a eu :

1° Etienne Clément, médecin à Beaujeu, où il est décédé le 15 mai 1881, mari d'Annette Prême, père et mère d'Elise Clément, mariée avec Bodet, de Beaujeu;

2° Antoine Clément, demeuré à la maison paternelle, décédé le 9 mai 1885, mari de Jacqueline Fayard, dont il a eu : 1° Mariette Clément, femme de Ourroux, de Saint-Bonnet-des-Bruyères; 2° Jeanne Clément, femme de Aulas, de Trambly; 3° Jean-Marie Clément, artilleur de marine à Toulon, où il est décédé le 14 mai 1878;

3° Jeanne Clément, célibataire, décédée le 18 octobre 1885, âgée de 75 ans;

4° Pierre Clément, longtemps boulanger à Lyon, domicilié à Heyrieux, dans l'Isère, époux d'Amélie Vernet, père et mère : 1° d'Etienne Clément, docteur en médecine, major à l'Hôtel-Dieu de Lyon, marié avec N... de Tarare; 2° de Germain Clément, négociant en soieries à Lyon, où il a épousé, le 21 octobre 1882, Marie Lepage, nièce de M. Planus, vicaire général honoraire d'Autun;

5° Marie Clément, célibataire, décédée à Saint-Bonnet-des-Bruyères, à l'âge de 58 ans;

6° Etienne Clément, teinturier à Matour, mari de Marguerite Benat, dont il a eu : 1° Marie-Antoi-

nette Clément, mariée en 1867 avec Cyprien Favot;
2° Etienne Clément, époux de Louise Alibert, de
Crest, dans la Drôme; 3° Angélique Clément, demeurant avec son père à Matour;

7° Joseph Clément, boulanger, marié en premières
noces avec Scholastique Rodier, de Deuil, de près
Paris, morte à Saint-Bonnet-des-Bruyères, le 10
février 1880, et en secondes noces, au mois de septembre 1881, avec Philomène Giraud, dont il a eu :
1° Joseph-Alphonse Clément, né en 1882, et Elise
Clément, qui n'a vécu que 11 jours, et il est décédé
à Saint-Bonnet-des-Bruyères le 23 avril 1884, à
l'âge de 62 ans.

Article 5.— Antoine MICHON et Jeanne MAZOYER,
sa femme.

Antoine Michon, selon son contrat de mariage
du 10 mars 1753, aux archives de Michon, de
Monnet, était fils de Gabriel Michon et de Catherine
Michaud, ci-devant rapportés à l'article 3, et marié
avec Jeanne Mazoyer, fille de défunt Etienne Mazoyer et de vivante Philiberte Guitat, domiciliée à
Dompierre-les-Ormes, femme en premières noces de
Jacques Perrin, dont elle avait eu Guillaume Perrin,
épouse de Barthélemy Mazoyer, de La Chapelle-du-Mont-de-France. Antoine Michon était, avec Pierre

Auduc, de Laroche, fabricien de l'église de Dompierre-les-Ormes, en 1762, et demeurait au hameau du Bois-du-Lin, où il a fait son testament le 4 janvier 1776, et y est décédé le 15 janvier 1776. Leurs enfants ont été :

1° Louis Michon, rapporté ci-après à l'article 6 ;

2° Antoinette Michon, déjà nommée, née le 22 avril 1756 et décédée le 10 septembre 1760 ;

3° Catherine Michon, déjà mentionnée, née le 16 janvier 1758, et mariée en premières noces avec Toussaint Auduc, du village des Ducs, paroisse de Verosvres, parent de Jean Auduc, curé de Verosvres, et de Pierre Auduc, percepteur à Dompierre-les-Ormes, et en secondes noces avec Jean Gelin, de Montillet, paroisse de Tramayes, dont parle un acte du 7 août 1808, aux archives de Michon, de Monnet ;

4° Anne Michon, déjà citée, née le 24 décembre 1760, dont le parrain fut Louis Michon, son oncle ;

5° Jean Michon, né le 4 septembre 1762, qui eut pour parrain Jean Michon, son oncle, meunier de Monnet, et qui est décédé le 3 décembre 1769 ;

6° Jean-Marie Michon, né le 30 juillet 1764, ayant pour parrain Jean Michon, son oncle paternel, et aussi décédé le 3 décembre 1769 ;

7° Marie Michon, née le 3 octobre 1766, qui eut pour parrain Claude Michon, son oncle paternel, mariée avec Antoine Joly, de Bois-du-Lin, et morte le 9 décembre 1827;

8° Philippe Michon, née le 24 juillet 1768 et morte le 14 août 1769;

9° Jean Michon, né le 2 mai 1770 et inhumé le 26 février 1804;

10° Gabriel Michon, né le 4 février 1773, et marié avec Philiberte Lagrost, de Suin;

11° Philippe Michon, dont on ne trouve que le registre de baptême du 9 avril 1776.

Article 6. — Louis MICHON et Marie LITAUDON, sa femme.

Louis Michon, né à Bois-du-Lin, le 7 août 1754, dont le parrain fut Louis Michon, son oncle paternel, et la marraine Marie Mazoyer, sa tante maternelle, marié, selon son contrat du 10 janvier 1781 et son registre de catholicité du 30 janvier 1781, avec Marie Litaudon, fille de défunt Claude Litaudon, marchand à Brandon, et de vivante Marie Gelin. Il était, avec M. Etienne Deschiseaux, fabricien de l'église de Dompierre-les-Ormes en 1788, et agent municipal de la commune en 1796, après en avoir été maire en 1792, et remplacé par ledit M. Etienne Deschiseaux. Louis Michon a été inhumé à Dompierre-les-Ormes le 7 avril 1807, et Marie Litaudon y a aussi été inhumée le 2 mars 1812, à l'âge de 53 ans, ce qui porte sa naissance à l'an 1759.

La *Notice sur Dompierre-les-Ormes*, page 53, mentionne M. Antoine Michel, de Mâcon, et M. Vincent Genillon, aumônier du château d'Audour, paroisse de Dompierre-les-Ormes, en 1782, et ancien curé de Saint-Point, lesquels, selon acte reçu par Mᵉ Lagrange, notaire à Mâcon, le 17 janvier 1798, avaient, moyennant mille francs, subrogé Louis Michon et Antoine Volta à leur droit dans l'acquisition qu'ils avaient faite, le 4 juillet 1797, de la cure de Dompierre-les-Ormes et d'un arpent de terrain, avec promesse constatée par la déclaration de M. Genillon, du 27 juillet 1801, de rétrocéder en temps opportun, à la commune de Dompierre-les-Ormes, cette acquisition qui cependant a été vendue par leurs héritiers, une partie le 14 octobre 1824, à Antoine Bajard, de Dompierre-les-Ormes, et l'autre partie, quelques années avant, à M. Devoluet, juge de paix du canton de Matour, à M. Pierre Auduc, de Laroche, maire de Dompierre-les-Ormes, et consorts, qui, selon délibération du conseil municipal du 18 mars 1833, l'ont revendue à la commune après l'avoir convertie en maison curiale telle qu'elle subsiste encore.

Il a déjà été dit que Joseph Michon, propriétaire du moulin de Monnet, l'avait vendue, le 1ᵉʳ décembre 1803, à Louis Michon, son cousin germain, et à Pierre Goyat. Les enfants de Louis Michon et de Marie Litaudon ont été :

1° Jean Michon, rapporté à l'article 7;

2° Louis Michon, né en 1789, et marié à Trambly, avec N... Guilloux;

3° Marie Michon, née le 11 janvier 1790, et mariée le 11 février 1811, avec Pierre Augoyat, fils de défunt Pierre Augoyat, propriétaire à Chalenforge, paroisse de Trivy, et de vivante Gabrielle Ravaud, dont un ancêtre, Guy Ravaud, était mari d'Huguette Aumonier, parente d'Angélique Aumonier, première femme de Jean-Chrysostome Alacoque, frère de la bienheureuse Marguerite-Marie Alacoque, comme le dit la *Parenté de la Bienheureuse*, page 38, par M. Mamessier, curé de Dompierre-les-Ormes, paroisse natale des ancêtres paternels de la susdite Bienheureuse;

4° Jacqueline Michon, encore vivante en 1886, demeurant à Trambly, né le 25 juillet 1797, mariée en premières noces avec N... Leschères, et en secondes avec N... Duvernay.

Article 7. — Jean MICHON et Antoinette LITAUDON, sa femme.

Jean Michon, né à Bois-du-Lin, paroisse de Dompierre-les-Ormes, le 12 septembre 1786, dont le parrain fut Jean Michon, son oncle paternel précité, né en 1770, décédé en 1804, et sa marraine Jeanne Mazoyer, sa grand'mère, marié, selon son registre de catholicité du 13 décembre 1815, avec sa cousine Antoinette Litaudon, fille de Jacques Litaudon et de Jeanne Aublanc, de Montagny-sur-Grosne. Il a été propriétaire du moulin de Monnet, que Louis Michon, son père, avait acquis, avec Pierre Goyat, de Joseph Michon, comme il a été dit ci-devant. Après avoir été conseiller municipal de la commune de Dompierre-les-Ormes et trésorier de la fabrique de l'église succursale de cette localité jusqu'en 1860, il est décédé le 26 avril 1871, à Meulin, plusieurs années après Antoinette Litaudon, sa femme. Leurs enfants ont été :

1° Jean-Jacques Michon, rapporté ci-après à l'article 8;

2° Louis-Marie Michon, né le 14 janvier 1820, aumônier, en 1848, de la ferme agricole de Montbellet, ensuite, en 1850, vicaire de Lugny-en-Mâconnais, sous M. Naulin, curé de Saint-Pierre de Mâcon, enfin, en 1853, curé de Saint-Gengoux-de-Scissé, où il est décédé le 26 août 1864;

3° Françoise Michon, née le 20 février 1822, décédée célibataire le 11 mai 1884, à Meulin, où elle était propriétaire, et inhumée à Dompierre-les-Ormes dans le tombeau de ses parents.

Article 8. — JEAN-JACQUES MICHON et PIERRETTE BESSON, sa femme.

Jean-Jacques Michon, propriétaire du moulin de Monnet, né le 12 septembre 1817, marié, le 18 mai 1843, avec Pierrette Besson, fille de Marcellin Besson et de Claudine Laissue, propriétaires cultivateurs à Flassilière, commune de Saint-Bonnet-des-Bruyères, et décédé le 3 mai 1873, après avoir été conseiller municipal de Dompierre-les-Ormes, adjoint en 1871, et depuis 1860 jusqu'à 1873, trésorier de la fabrique de l'église de cette succursale. Sa femme vit encore rentière à Matour. Ils ont eu quinze enfants dont huit seulement sont vivants :

1° Eugénie Michon, née le 26 octobre 1846, religieuse du Saint-Sacrement d'Autun, à Mailly;

2° Jean François Michon, né le 27 août 1848, époux de Marie-Hélène Guilloux, à Dompierre;

3° Louis Michon, né le 18 juillet 1850, mari de N... Bonnetain, à Matour;

4° Jean-Marie Michon, né le 10 juillet 1852, vicaire de Toulon-sur-Arroux, puis d'Issy-l'Evêque, et depuis quelques années employé aux Missions africaines;

5° Claudine-Antoinette Michon, née le 10 juin 1854, femme de Jean-Antoine Malatier, à Meulin;

6° Henriette-Jeanne Michon, née le 20 janvier 1857, femme de Joanny Lapalus, à Matour;

7° Jean-Marie Michon, née le 13 mars 1859, femme de N... Griffon, ferblantier, à Matour.

8° Jean-Claude Michon, né le 29 juin 1865, élève de philosophie au Petit Séminaire de Semur-en-Brionnais, diocèse d'Autun.

Jean-Louis MAMESSIER,
Depuis 52 ans curé de Dompierre-les-Ormes,
membre de trois Sociétés savantes.

ARBRE GÉNÉALOGIQUE
DE LA FAMILLE MICHON

DE DOMPIERRE-LES-ORMES

1686—1886

De Gabriel MICHON, mari de Catherine MICHAUD, et frère de Louis MICHON, mari de Philippe REBOUX,

SONT ISSUS .

Degré.

1ᵉʳ Jean Michon dit le Jeune, mari de Philippine Tardy.
Louis Michon, mari de Françoise Tardy.
Claude Michon, mari de Claudine Tardy.
Jean Michon l'aîné, mari de Philippe Reboux,

Père et mère de

2ᵉ Joseph Michon, mari de Benoîte Aublanc.
Antoine Michon, curé de La Clayette.
Jean Michon.
Philippe Michon, femme d'Antoine Jomain,

Père et mère de

3ᵉ 1° Pierre Jomain père . 1° d'Etiennette Jomain, veuve Alacoque ; 2° d'Antoine Jomain ; 3° de Pierre Jomain ; 4° de Claude Jomain ;

Degré

1ᵉʳ Antoine Michon, mari de Jeanne Mazoyer.

Père et mère de

2ᵉ Antoine Michon.
Catherine Michon, femme de Toussaint Auduc,
Anne Michon.
Jean Michon.
Jean-Marie Michon.
Marie Michon, femme d'Antoine Joly.
Philippe Michon.
Jean Michon.
Gabriel Michon, mari de Philiberte Lagrost
Philippine Michon.
Louis Michon, époux de Marie Litaudon,

Père et mère de

3ᵉ Louis Michon, mari de N. Guilloux.
Marie Michon, femme de Pierre Augoyat,

— 22 —

2ᵉ Etiennette Jomain, femme Clément,

Père et mère de

4ᵒ Etienne Clément, mari d'Annette Prême.
Antoine Clément, mari de Jacqueline Fayard
Jeanne Clément.
Pierre Clément, mari d'Amélie Vernet.
Joseph Clément, mari de Scolastique Rodier.
Etienne Clément, mari de Marguerite Benat,

Père et mère de

5ᵉ Marie-Antoinette Clément, femme de Cyprien Favot.
Etienne Clément, mari de Louise Alibert.
Angélique Clément

Jacqueline Michon, femme d'Antoine Sivignon.
Antoine Michon, mari de Duvernay.
Jean Michon, mari d'Antoinette Litaudon,

Père et mère de

4ᵗ Louis-Marie Michon, curé de Saint-Gengoux-de-Scissé.
Françoise Michon.
Jean-Jacques Michon, mari de Pierrette Besson,

Père et mère de

5ᵉ Eugénie Michon, religieuse
Jean-François Michon.
Louis Michon.
Jean-Marie Michon, missionnaire africain.
Claudine-Antoinette Michon.
Henriette-Jeanne Michon.
Jeanne-Marie Michon.
Jean-Claude Michon, élève de philosophie.

Mâcon, imp. Protat frères.

www.ingramcontent.com/pod-product-compliance
Lightning Source LLC
Chambersburg PA
CBHW070525050426
42451CB00013B/2851